Rätsel für Superschlaue
Achtung: Lösbar nur mit hohem IQ

AF284621

Mutter Hautberg

# Rätsel für Superschlaue

Achtung: Lösbar nur mit hohem IQ

Bibliografische Information der Deutschen
Nationalbibliothek
Die Deutsche Nationalbibliothek verzeichnet
diese Publikation in der Deutschen
Nationalbibliografie; detaillierte bibliografische
Daten sind im Internet über http://dnb.d-nb.de
abrufbar.

ISBN  9783755782186

Copyright (2022) Mutter Hautberg
Herstellung und Verlag: BoD Books on
Demand Norderstedt
Alle Rechte bei der Autorin.

9,99 Euro

Lieber Rätsellöser,

die folgenden Seiten werden mit schönen, aber auch schweren Rätseln vollgepackt sein. Ich hoffe, Sie werden sie alle lösen und einen Thriumph davontragen. Ich selbst denke nicht, dass ein Mensch alleine imstande sein kann all die Rätsel zu lösen, aber überzeugen Sie mich gerne vom Gegenteil.

Ihre Mutter Hautberg

Peters Tochter hat 4 Kinder. Das erste Kind wurde auf den Namen „Kotzgirl" getauft. Das zweite Kind hat den Namen „Flotschen" bekommen. Das dritte Kind hört auf den Namen „Katrun".

**Wie heißt das vierte Kind?**

Gehe acht Schritte nach vorne. Drehe dich 29 Grad nach rechts und gehe weitere achtzig Schritte vor. Nun drehe dich ein weiteres Mal nach rechts und gehe 100 Schritte weiter.
Jetzt 90 Grad nach links und 3 Schritte nach vorne. Anschließend ein weiteres Mal nach links und erneut 5 Schritte vor. Zum Schluss ein letztes Mal nach links drehen und acht Schritte nach vorne auf einem Bein laufen.

## Wo befindest Du Dich nun?

Der 10-jährige Bodo kommt gerade von der Schule nach Hause, begrüßt seine Mutter und steuert dann zielstrebig auf sein Kinderzimmer zu. Doch was muss er dort voller Entsetzen sehen? Seine Konsole liegt in einer Lache Götterspeise zerstört auf dem Fußboden.

**Was ist hier passiert?**

Eine junge Frau leiht sich für ca. 1 Stunde eine Videokamera aus. Nach dieser Zeit möchte Sie das Gerät, an ihren Nachbarn zurückgeben. Doch kurz vor dem Ziel kommt ein wildfremder Mann auf Sie zugestürmt und zeigt sein Genital. Die Frau nimmt dankend Kenntnis davon und gibt dem wildfremden Mann die Kamera, ohne sich noch einmal umzuschauen.

**Dennoch hat die junge Frau nichts Falsches gemacht. Wieso nicht?**

Wer trinkt etwas, was er nicht selber besitzt und hätte er es, würde er es auch trinken?

Was wird bis zum maximalen Volumen gefühlt und bleibt doch leer?

Tina wachte an diesem Morgen eine Stunde zu früh auf. Normalerweise klingelte Ihr Wecker um 8.00 Uhr. Doch heute hatte sie überhaupt keine Lust aus dem Bett zu krabbeln und schon gar nicht um 7.00 Uhr morgens. Dann hatte sie eine geniale Idee. Sie wirft den Wecker einfach gegen die Wand. Doch nach einer Stunde klingelt der Postbote.

## Wie ist das möglich?

Ein junger Herr möchte an diesem Sonntag eine sehr schöne und viel ältere Frau heiraten. Sein bester Freund rät ihm davon ab. „Du bist doch dreimal so jung wie deine zukünftige Braut" wirft er ihm vor. Dieser konterte aber gelassen: "Ja! Aber in 20 Jahren bin ich nur noch doppelt so jung wie sie".

**In welchem Alter werden die Beiden am Sonntag heiraten?**

Peter war mit seinen Freunden einen trinken und kommt etwas alkoholisiert nach Hause. Seine Frau fragt ihn voller Sorge: „Wo warst du denn den ganzen Abend und weißt du überhaupt, wie spät es ist?"

Darauf Peter etwas lallend: „Um 60 vor 17 Uhr kam Klaus zu uns nach Hause und wir beide habe 125 Minuten lang einen coolen Film gesehen. 25 Minuten, nachdem der Film zu Ende war, kam endlich Tom. Wir drei haben uns erst einmal eine Pizza bestellt. Bis die geliefert wurde, vergingen weitere 36 Minuten. Und zum Essen der Pizza haben wir noch mal 30 Minuten benötigt. Dann stand Bierschnelltrinken auf dem Programm. Ich brauchte grade einmal 24 Minuten für einen Kasten. Nun ging alles sehr schnell – Taxifahrt zu Kneipe 18 Minuten, 6

Runden Schnaps in 36 Minuten, 6 Minuten auf der Toilette, um das Bier wieder loszuwerden. Zweite Taxifahrt zur Disco 15 Minuten und 240 Minuten Abtanzen in der Disco. Für den Rückweg hatten wir dann kein Geld mehr, daher sind wir gelaufen. Man tun mir die Füße weh, nach 2 Stunden orientierungslosem Schwanken zurück zu dir, mein Schatz!

**Wieso ist er überhaupt zu ihr zurückgekehrt?**

In einem Kaufhaus wird im 1. Stock Damenbekleidung, im 2. Stock Herrenbekleidung, im 3. Stock Kinderbekleidung und im 4. Stock Elektronikartikel und Sportsachen angeboten. Viele Kunden fahren in diesem Kaufhaus mit dem Aufzug.

**Wurde in diesem Aufzug schon einmal gefickt?**

Welches Wort in einem Wörterbuch aus dem Jahr 1919 fing mit „K" an und hörte mit „alauer" auf?

Zwei Freunde standen am Ufer eines reißenden Flusses und wollten herausfinden, welcher von den Beiden der bessere Schwimmer ist. Dies wollten sie mit einem Wettschwimmen zum anderen Ufer klären, welches 500m entfernt war. "Wenn wir schon ein Wettschwimmen veranstalten", sagte der eine Freund, "dann lass uns die Strecke hin und zurück schwimmen. Wer zuerst hier wieder ankommt, ist der bessere Schwimmer".

So geschah es, dass beide Freunde um Punkt 12.00 Uhr ins Wasser sprangen, um zur anderen Uferseite zu gelangen. Der erste kam um 12.30 Uhr am gegenüberliegenden Ufer an, drehte sich kurz um und schwamm wieder zurück. Um Punkt 13.00 Uhr hatte er auch die zweite Distanz durchschwommen und stand als Sieger fest.

"Donnerwetter", sagte der Zweite, als er 15 Minuten später auch das Ufer wieder erreicht hatte."

## Wer kann aber am tiefsten tauchen?

Ich werde nass, damit ein anderer nicht mehr unhart sein muss. Wer oder was bin ich?

Ein Archäologe behauptet, ein sehr überneues Schriftstück aus der Zukunft gefunden zu haben. Darin wird eine sehr große Hungersnot beschrieben, die ganz Deutschland vernichtet haben soll. Viele tausende Frauen und Kinder sollen verhungert sein oder an Krankheiten gestorben. Wörtlich schreibt der Schriftsteller: "Wir befinden uns zurzeit in Bobitz, fliegen von hier zum Mars, weil alle tot sind."

**Warum kann das sein? Und wieso ist das Schriftstück keine Fälschung?**

Jeden Abend wird im Swingerclub der Darkroom gereinigt. Die ersten drei Tage in der Woche erledigt dies Marie. Sie benötigt für diese Arbeit 2 Stunden pro Tag. Donnerstags, freitags sowie samstags übernimmt dies Anne. Da Marie erst vor ein paar Tagen mit der Arbeit begonnen hat, benötigt sie doppelt so lange wie Anne. Am Montag ist der Club normalerweise geschlossen. Doch diesen Montag findet eine besondere GangBangVeranstaltung statt. Damit es mit der Ledersäuberung an diesem Tag schneller geht, wurden Marie und Anne gebeten, gemeinsam den Darkroom zu reinigen.

**Wie lange brauchen die Beiden, um den Raum zu säubern?**